L'ŒUVRE DE JÉSUS-CHRIST

FRÉDÉRIC GODET

DP ÉDITIONS

INTRODUCTION

Nous avons suivi Jésus dans sa course terrestre.

En l'accompagnant pas à pas, nous avons reconnu en lui un vrai homme et en même temps l'homme répondant parfaitement au dessein de Dieu ; et dans cet homme accompli nous avons discerné un caractère divin, l'apparition du Fils éternel, venu pour réaliser lui-même dans notre nature humaine la tâche que nul homme n'avait remplie et ne pouvait désormais remplir, et qui, en sa personne, a conduit notre humanité à sa suprême destination.

Cette étude de la personne de Christ contient déjà en quelque manière celle de son *œuvre*. Car, de même que le péché, le salut est un fait, non une idée.

Et ce fait est l'histoire même du Sauveur. Impossible donc d'analyser la vie de Jésus sans étudier en quelque manière le salut qu'il nous a acquis.

Néanmoins, nous pouvons aussi considérer, comme un fait à part, l'influence que l'apparition de Jésus était destinée à exercer, et, si je puis ainsi dire, le sillon fécond que le passage d'un tel être devait tracer dans l'histoire de l'humanité.

L'œuvre de Jésus dans le monde est double :

- C'est une œuvre accomplie *pour nous*, destinée à opérer la *réconciliation* entre Dieu et l'homme.
- C'est une œuvre accomplie *en nous*, dans le but d'opérer notre *sanctification*.

Par l'une l'*ordre* est rétabli entre Dieu et nous ; l'autre est le *fruit* de cet ordre rétabli. Par la première, le pécheur condamné est reçu en grâce ; par la seconde, le pécheur gracié est associé à la vie de Dieu.

La distinction que nous établissons entre ces deux œuvres de Christ n'empêche nullement qu'il n'y ait entre elles la connexion la plus étroite, tellement que la première est en réalité le sol dans lequel la seconde plonge ses racines, et celle-ci le fruit voulu de la première, qui sans cela deviendrait inefficace.

La réunion de ces deux œuvres constitue le
salut dans sa plénitude, qui est la condition de la
gloire.

CHAPITRE I
L'ŒUVRE DE CHRIST POUR NOUS

Parler de réconciliation, c'est supposer une hostilité. Peut-il y avoir hostilité entre Dieu et l'homme ?

Plusieurs répondent : Oui, mais uniquement du côté de l'homme. Dès que l'homme a péché, il a peur de Dieu ; Il le fuit ; jusqu'à un certain point il le hait. Il voudrait que son juge n'existât point.

Et en effet l'histoire des cultes anciens et modernes, en dehors de ceux qui ont pris naissance sur le sol de la révélation, prouve que le sentiment qui a surtout contribué à les produire et à les développer, est celui de la crainte.

C'était le cas même chez les Grecs, ce peuple qui s'est élevé à l'intuition de Dieu la plus pure. Le terme grec qui désigne le culte des dieux est un mot qui signifie littéralement *la crainte des êtres su-périeurs* (*Deisidaimonia*).

Non seulement depuis les temps anciens de la Grèce et de Rome, le paganisme ne s'est pas élevé au-dessus de la peur de la divinité ; mais il s'est concentré toujours plus complètement dans ce sentiment, à ce point que les formes d'adoration multiples, que l'on constate aujourd'hui chez les païens ne sont pour la plupart que des inspirations de la terreur.

On cherche à se rendre propice un être puissant, mais malfaisant, de la part duquel on croit avoir tout à redouter. Et les missionnaires n'ont certainement pas tort quand ils appellent les religions idolâtres de nos jours le culte du diable.

Le dieu qui remplit l'imagination de l'adorateur est un être méchant, un objet d'effroi, dont on s'efforce de gagner la faveur ou d'assouvir la fureur par les cérémonies les plus extravagantes et souvent les plus cruelles.

Combien on préférerait, si on le pouvait, se défaire de lui !

Et pourtant ce serait méconnaître étrangement la gravité de la perturbation causée par le péché, que de restreindre l'hostilité qui est devenue le caractère de la relation entre Dieu et l'homme, à l'une des parties seulement.

L'Écriture n'envisage pas la chose à ce point de

vue superficiel. Elle qui, mieux que le cœur de l'homme, connaît l'amour de Dieu, parle aussi en termes formels de sa haine et de sa colère.

Quand Samuel, rappelé du *Schéol*, apparaît aux yeux de Saül, il lui dit :

> Pourquoi me consultes-tu, puisque
> l'Éternel s'est retiré de toi et est
> devenu ton ennemi ?
>
> —1 SAMUEL 28.16

Cette expression : *ton ennemi*, ne peut signifier ici : l'objet de ta haine ; elle ne peut désigner que l'inimitié de Dieu pour le roi rejeté.

Au chapitre 11 de l'épître aux Romains, saint Paul, travaillant à expliquer le rejet temporaire du peuple juif, dit aux chrétiens d'entre les Gentils, verset 28 :

> Quant à l'Évangile, ils sont ennemis
> à cause de vous ; mais, quant à
> l'élection, ils sont aimés à cause
> des pères.

Le terme ennemi, opposé, comme il l'est ici, à celui d'*aimé* ou *bien-aimé*, ne peut être pris que dans le sens de *haï*. Eu égard à l'Évangile qu'ils rejettent, les Juifs sont eux-mêmes rejetés et deviennent les objets de l'inimitié de Dieu.

Mais eu égard à l'élection des patriarches, qui embrasse leurs descendants, ils n'en sont pas moins toujours les objets de son amour, et l'heure de la réconciliation sonnera pour eux.

Enfin, quand Paul, s'adressant aux fidèles eux-mêmes, leur écrit au chapitre 5 de la même épître, verset 10 : *Si, lorsque nous étions ennemis, nous avons été réconciliés avec Dieu par la mort de son Fils, beaucoup plutôt, étant déjà réconciliés, serons-nous sauvés par sa vie*, il est impossible de douter que le mot *ennemis* ne signifie : objets de l'inimitié divine, puisque, dans la proposition qui précède immédiatement, il est parlé de la colère de Dieu, dont nous avons été délivrés par le sang de Christ.

Cette notion de la colère de Dieu reparaît fréquemment dans les Écritures. Il faut naturellement éloigner de l'idée de colère, quand elle est appliquée à Dieu, tout ce qui souille ordinairement ce sentiment chez les hommes.

C'est l'indignation morale dans toute sa pureté, l'antipathie sainte de l'être bon pour le mal, sans le moindre alliage de froissement personnel et de ressentiment égoïste. C'est le mécontentement que fait éprouver à l'être pur la vue de la souillure ; ce sont les manifestations qui témoignent de ce profond déplaisir et les souffrances qui en résultent pour celui qui l'a provoqué.

La colère divine ainsi comprise est inséparable de la distinction sérieuse entre le bien et le mal. La nier, ce serait se condamner à envisager le mal, non comme l'opposé, mais simplement comme une forme imparfaite du bien.

Un grand nombre de personnes consentiraient encore, je le sais, à admettre cette notion de la colère de Dieu, si l'on se contentait de la rapporter au péché en lui-même, et si on ne l'appliquait pas à la personne du pécheur.

On entend fréquemment des paroles telles que celles-ci : Dieu hait le mal ; mais il aime toujours le méchant ; celui-ci demeure l'objet de sa bienveillance et de sa pitié, dans le moment même où sa conduite tombe sous le coup de la réprobation divine.

Nous ne saurions nous approprier sans réserve cette distinction. Dans les passages cités, ce sont bien les personnes elles-mêmes, et non pas seulement leurs œuvres, qui sont désignées comme objet de l'inimitié divine.

Sans doute, l'une de ces paroles (Romains 11.28) prouve que le même homme peut être à la fois haï de Dieu et aimé de lui ; haï, en temps que pécheur, aimé, en tant qu'être capable de salut.

Mais cette simultanéité de sentiments opposés en Dieu ne peut être que temporaire.

C'est nécessairement la transition à un état absolu et définitif. L'homme est volonté ; c'est là l'essence de sa personnalité ; et la volonté ne peut osciller indéfiniment entre le bien et le mal. Elle doit finir par se décider exclusivement soit pour l'un, soit pour l'autre.

Le rapport entre Dieu et chaque homme doit aussi finir par se simplifier tout à fait. Si l'individu s'affranchit de la puissance du mal, toute hostilité cessera. S'il se livre complètement à l'esprit de révolte, l'hostilité prévaudra de plus en plus en Dieu sur l'amour.

Et qu'on n'objecte pas ici l'immutabilité de Dieu. Car Dieu changerait précisément si, l'homme changeant, il ne changeait aussi à son égard.

Ce progrès chez l'homme, dans un sens ou dans l'autre, est libre, mais fatal. Au terme l'individu se trouve identifié avec le principe auquel il s'est voué, et Dieu ne peut plus les séparer.

C'est l'état du salut immuable ou celui de la damnation définitive, ces deux antipodes du monde moral vers l'un desquels, comme l'expérience le démontre, gravite incessamment tout être libre.

Il résulte de là que la relation d'hostilité que Dieu soutient avec le pécheur, quoique graduée dans son développement, est réelle et peut finir par se consolider absolument. Et c'est là ce qui donne à l'idée biblique de la réconciliation un caractère si sérieux et si solennel.

La réconciliation est le fait qui met fin à cette double hostilité et qui crée un état de choses dans lequel Dieu peut se réjouir en l'homme comme en un être qui répond à son dessein, et l'homme se réjouir en Dieu comme en un maître qui ne met plus obstacle à son bonheur.

Quel est l'acte qui servira de base à un changement aussi décisif pour l'avenir de l'homme ? Il semble au premier coup d'œil que ce ne puisse être que le rétablissement de la sainteté dans la vie humaine.

Comme c'est le péché qui a attiré sur nous le déplaisir divin, n'est-il pas naturel que ce soit le contraire du péché, sa destruction, qui fasse recouvrer à l'homme la faveur divine ?

La Bible connaît en effet une pacification entre Dieu et l'homme due à l'établissement de la sainteté chez ce dernier. Ainsi, dans le passage Romains 5, versets 9 et 10, saint Paul parle d'un salut qui résultera de la *vie de Christ* réalisée dans l'homme.

Mais, d'autre part, la Bible connaît trop bien l'homme et son impuissance naturelle, pour faire d'un salut dont la sainteté serait la condition, le *commencement* de son relèvement. Le règne de la sainteté au dedans de nous ne peut résulter que des communications intérieures de Dieu.

Il y a un seul bon, a dit Jésus ; la créature ne peut être bonne qu'au moyen de la communion avec ce seul bon. Or, ce lien avec Dieu est précisément ce que le péché a rompu. Il doit être renoué par la réconciliation pour que la sainteté, fruit de cette union, redevienne possible chez nous.

Il y a donc, sans doute, une pacification définitive, immuable, qui reposera sur la sainteté régnant en nous. Mais ce n'est pas de celle-là que nous nous occupons ici ; c'est de la réconciliation initiale et préalable, qui précède la sanctification et qui seule la rend possible.

La première est le passage de l'état de grâce à l'état de gloire, de l'économie de la foi à celle de la vue ; la seconde, qui est la première en date, forme la transition de l'état de condamnation à l'état de grâce, de la vie dans le péché à la vie de la foi.

Quelles sont les conditions de la réconciliation, en prenant ce terme dans la seconde application, qui est la plus ordinaire dans l'Écriture ?

Il faut de toute nécessité, d'un côté, que Dieu puisse contempler le *pécheur* sans éprouver le sentiment de réprobation que fait naître chez lui la vue du *péché* ; et, de l'autre, que l'homme pécheur puisse contempler en Dieu le juge du péché sans se sentir l'objet de son déplaisir et de son *jugement*.

Par quel moyen peut être obtenu ce double résultat, sans lequel il n'y a pas de réconciliation ?

Ce moyen ne se trouvera que dans l'existence et l'œuvre d'un homme qui pourra s'acquitter de ces deux tâches : Un, accomplir sans dévier le développement normal auquel l'humanité était appelée, et conduire ainsi, en sa personne, la vie humaine au but que Dieu lui avait assigné ; Deux réparer le tort causé par notre chute.

Voilà ce qu'a fait Jésus-Christ ; c'est là son œuvre *pour nous*.

D'un côté, il a consommé le développement de l'humanité, demeuré inachevé par la faute du premier homme ; de l'autre, il a réhabilité l'humanité déchue et l'a replacée sur la voie où elle peut désormais réaliser sa destination.

C'est par ces deux actes que la réconciliation a été consommée par lui entre Dieu et nous.

1°) L'homme, tel que Dieu l'avait créé, était bon, non en ce sens qu'il fût parfait, mais parce qu'il avait tout pour le devenir. C'était l'excellence à son point de départ, non à son terme. La perfection morale ne peut être que le fruit de la liberté, le résultat d'une série de décisions complètement volontaires dans le sens du bien.

L'homme était donc appelé à concourir lui-même à la réalisation de sa destination morale ; voilà pourquoi il fut créé innocent, mais non pas saint.

Immédiatement après son apparition sur la terre commença le travail par lequel il devait parvenir de son état premier à l'état supérieur pour lequel il était fait.

Sa tâche était de transformer sa vie naturelle en vie spirituelle, et cela par le sacrifice libre de la première, au moyen d'une soumission constante aux manifestations successives de la volonté divine.

Nous savons (et l'état de chaque homme qui vient au monde le prouve) que l'homme échoua dès le commencement de ce travail et que sa vie morale fut viciée par cette faute jusque dans son germe.

Nous naissons tous comme autant d'incarnations de cette vie humaine primordiale *gâtée*, et la marche de notre développement diffère plus ou moins chez tous du cours normal des choses.

Qu'avait à faire celui qui entreprenait de nous concilier de nouveau la faveur divine ?

Renouer le fil du développement normal de l'humanité au point où il avait été rompu, recommencer le travail moral qui aurait conduit l'homme de l'innocence à la sainteté, accomplir cette série d'actes d'obéissance dont chacun était un sacrifice de la vie naturelle, atteindre cette sphère d'existence supérieure que l'Écriture appelle *la vie spirituelle*, et sanctifier parfaitement en sa personne toute l'activité humaine.

C'est là ce qu'a fait Jésus. Nous l'avons constaté en suivant dans notre étude précédente le cours de sa vie, tel qu'il est retracé dans les documents évangéliques.

Il a réalisé l'humanité telle qu'elle *devait être*, et accompli envers Dieu et envers les hommes cette offrande pure et complète du moi, que chacun admire comme ce qu'il y a de plus parfait, et dans laquelle nous reconnaissons la satisfaction absolue donnée à l'obligation morale.

À une telle vie s'applique la belle expression de saint Paul, empruntées aux images du culte lévitique : *une offrande d'agréable odeur* (Éphésiens 5.2).

En contemplant ce spectacle, si Dieu est réellement une personne morale, c'est-à-dire susceptible d'amour et de joie, il a dû être *satisfait* ; car, par là, satisfaction a été donnée enfin à sa volonté éternelle.

Désormais la race humaine existe devant ses yeux dans un exemplaire parfait, qui va devenir le principe d'une humanité renouvelée à l'image de ce prototype.

S'attacher à ce nouvel Adam, se revêtir, ne fût-ce que par le désir du cœur, de son mode d'existence morale, c'est déjà aux yeux de Dieu reproduire ce modèle ; c'est avoir en quelque manière accompli la tâche ; c'est, comme dit saint Paul, être rendu agréable dans le Bien Aimé (Éphésiens 1.4 à 6).

2°) Christ n'a pas seulement *consommé* le développement d'une humanité jusqu'à lui restée inachevée ; il a *réhabilité* une humanité déchue.

C'est ici le second côté de l'œuvre qu'il a accomplie pour nous et par laquelle il achève d'opérer notre réconciliation.

Mais, comme c'était là la portion la plus douloureuse de sa tâche, c'est aussi la plus difficile à sonder pour notre intelligence. L'obscurité qui couvre le péché et tout ce qui en résulte, l'enveloppe de son ombre.

Il y a en Dieu une perfection qui n'est pas en faveur aujourd'hui dans l'opinion vulgaire : c'est la *justice*.

Conformément à la définition reçue, cet attribut consiste à traiter chacun selon ses œuvres. Comment l'éliminer du caractère divin ? Dieu serait-il encore Dieu, s'il n'était pas juste ?

Lui, l'auteur de la liberté et de la responsabilité morale, serait-il fidèle à lui-même, si, après avoir posé ces grands principes de toute moralité dans la conscience humaine, il ne leur rendait hommage, en jugeant l'homme d'après ces normes sacrées établies par lui et gravées de sa main dans notre cœur ?

Le bien, c'est l'ordre régnant entre les êtres, tel qu'il résulte de leur nature même. La justice divine est la gardienne de cet ordre et par conséquent la garantie du bien dans l'univers. Elle maintient, par le moyen de la punition, l'ordre troublé par les velléités déréglées des créatures libres.

Le châtiment peut se définir : l'ordre maintenu au sein du désordre, sans atteinte portée à la liberté.

La forme du châtiment est la souffrance. C'est elle qui amène la créature à la conscience du mal, comme mal. Le mal *senti* est pour elle la révélation du mal *commis*.

Au physique, que deviendrait l'homme si l'un de ses membres pouvait brûler sans qu'il en souffrît ? Son existence serait à chaque instant compromise, sans qu'il en eût le moindre soupçon.

Il en est de même au moral. Il ne faut pas que l'homme puisse pécher sans qu'une souffrance, intérieure ou extérieure, l'avertisse que son âme est dans le désordre et court un danger.

Que si le pécheur ose s'attaquer directement à la majesté divine et renier sciemment la dépendance dans laquelle il se trouve par rapport au Créateur, la simple souffrance ne suffit plus.

C'est l'existence elle même de l'homme qui est

compromise. *Le salaire du péché, c'est la mort.*

Je puis vivre sans toi et malgré toi, semble dire l'homme à Dieu en agissant de la sorte.

Ta vie était un don ; ce don t'est retiré ; telle est la légitime réponse de la justice divine à ce défi audacieux qui lui est jeté. La mort immédiate, la mort par l'effusion du sang, (car, comme dit l'Écriture, c'est dans le sang qu'est la vie), voilà le juste châtiment du péché, dès qu'il éclate comme révolte consciente et réfléchie contre l'auteur de la vie.

C'était la peine dont Dieu avait menacé Adam : *Au jour que tu pécheras, tu mourras.* Cependant Dieu n'a pas trouvé bon de donner cours à toute la rigueur du châtiment mérité. Adam pécheur a vécu, et pendant une longue série de siècles ses descendants ont continué à pécher et à vivre.

La mort a régné sans doute, mais en apparence comme résultat du déclin naturel des organes et des facultés. Cette mort n'avait point le caractère d'une exécution capitale ; elle n'était nullement la manifestation évidente de la justice divine. Cette perfection restait donc voilée dans cet état de choses, non moins que l'étaient alors la bonté et la sainteté et tous les autres traits du caractère divin.

Un jour devait venir où cet état anormal ferait place à la pleine manifestation de la justice, longtemps différée. Et quelle a été cette manifestation ? Dieu a-t-il avancé visiblement son bras, saisi *tous les pécheurs* vivant sur la terre et infligé publiquement à chacun d'eux le supplice qui lui était dû ? La mort a-t-elle d'un seul coup de sa faux moissonné l'humanité révoltée ?

Non ; ce que Dieu voulait, ce n'était pas la satisfaction de son droit par l'effusion de torrents de sang et par une juste équivalence de la peine de tous au péché de tous.

Ce qu'il voulait, c'était d'abord de manifester d'une manière ineffaçable la peine de mort qu'entraîne le péché, et en second lieu d'obtenir de la conscience humaine la reconnaissance franche et humble de ce droit divin.

Car une telle reconnaissance est la vraie réparation du tort commis envers Dieu, et par là même le fondement du rétablissement de l'ordre moral troublé. Quand la volonté perturbatrice s'est convaincue de son tort et qu'elle s'est reconnue elle-même digne de mort, l'ordre a vaincu au sein du désordre. Dieu peut d'autant plus aisément se relâcher de son droit de punir, que ce doit a été plus franchement et complètement reconnu par le coupable.

C'est à ce point de vue général qu'il faut se placer pour comprendre l'explication que saint Paul, dans un passage capital, a donnée du sacrifice de Jésus-Christ.

Voici ses paroles, Romains 3.24 et suivants :

Nous sommes justifiés gratuitement, par grâce, par la rédemption qui est Jésus-Christ, lui que
Dieu avait établi d'avance par
devers lui, comme moyen de
propitiation, par la foi en son
sang, pour la manifestation de
sa justice, à cause de la tolérance dont il avait usé à l'égard
des péchés commis auparavant,
dans le temps du support de
Dieu ; pour la manifestation, dis
- je, de sa justice dans le moment présent, afin qu'il soit
juste et qu'il justifie celui qui est
de la foi en Jésus.

D'après ce passage, une grande réparation était
indispensable pour le pardon du péché de l'humanité. La justice de Dieu, qui punit le mal, aussi vrai
que Dieu veut sérieusement le bien, était restée
voilée durant tout le cours de l'histoire.

Les pécheurs n'étaient point arrivés à la pleine
conscience du châtiment qu'ils méritaient. Il fallait
donc une *manifestation solennelle* par laquelle Dieu
démontrât le droit de sa justice et apprît à
l'homme cet axiome : que quiconque se révolte
contre Dieu, mérite la mort.

Si cette manifestation indispensable eût été, de la part de Dieu, le résultat d'un ressentiment personnel, si elle eût été la vengeance d'un supérieur froissé dans le sentiment de sa dignité et de son autorité, Dieu, en l'exécutant, n'eût pas manqué de se montrer prodigue du sang des coupables.

Il les eût fait périr en aussi grand nombre que possible, et par une pareille catastrophe il eût prouvé assurément que sa longue tolérance envers le monde révolté avait été, non indifférence pour le péché, mais longanimité envers les pécheurs.

D'autre part, qu'eût produit un châtiment semblable, un second déluge ? Au lieu de régénérer l'humanité que Dieu voulait sauver, il l'eût détruite.

La manifestation indispensable du droit de Dieu a donc dû être d'une tout autre nature, car Dieu n'était pas mû par un sentiment de vengeance, mais par l'inspiration généreuse de son amour, par le désir de pouvoir pardonner saintement, c'est-à-dire sans tranquilliser par là le pécheur dans sa voie mauvaise.

Et en effet, le mode de rédemption dont Dieu s'est servi a prouvé que ce que Dieu cherchait, c'était non le plus, mais le moins possible de sang versé, en vue du résultat moral à obtenir.

Il lui a suffi d'un seul sacrifié, dans la mort sanglante duquel il a manifesté ostensiblement ce que tous avaient en réalité mérité ; d'une seule victime immolée, à la vue de laquelle tous purent se dire : *Voilà le traitement que j'avais attiré sur moi ! Ce supplice, dont je ne suis que le témoin, j'ai mérité d'en être l'objet.*

L'homme unique, chargé de jouer ce rôle redoutable dans l'histoire de l'humanité, devait être un *vrai* homme. À cette condition seule il pouvait s'identifier avec eux dont il devait prendre la place ; car cette place, il ne devait pas la prendre seulement au sens extérieur, mais moralement, par un acte analogue à celui par lequel nous faisons tomber la barrière qui sépare notre personnalité de celle du prochain, chaque fois que nous intercédons pour lui d'une manière vivante et réellement sentie.

Ce vrai homme devait être ne même temps un homme *saint*, parfaitement saint ; et cela parce que la manifestation de justice que Dieu se proposait de donner au monde en sa personne, dans ce moment central de son histoire, devait remplir ces deux conditions :

Un, être une révélation éclatante du droit de Dieu sur l'humanité coupable. Deux, être, de la part de l'homme, l'humble et franche reconnaissance de ce droit divin.

Or, ces deux faits moraux exigeaient l'un et l'autre la sainteté parfaite du Rédempteur.

Un, si celui en la personne de qui la démonstration du droit de Dieu était donnée au monde pécheur, n'eût pas été lui-même entièrement exempt du péché de ses frères, il serait mort comme réalisant non la peine de leurs fautes, mais celle des siennes propres, ce qui eût complètement changé le sens de ce grand fait.

Lorsque Moïse dut élever un serpent au haut d'une perche pour manifester par un signe tangible que le fléau qui avait frappé les Israélites était vaincu par la puissance divine, Dieu lui ordonna d'exposer, non pas un serpent réel, mais le simulacre d'un serpent. Pourquoi ?

Parce que, dans le premier cas, la défaite ainsi proclamée n'eût été que celle du serpent particulier cloué au poteau, tandis que, dans le second, le serpent d'airain était le type de l'espèce entière, et le signe de sa défaite celui de la défaite de tous les serpents vivants.

C'est pour la même raison que le péché de l'humanité a dû être cloué sur la croix, non en la personne d'un pécheur, mais en celle d'un saint. Le péché ainsi frappé apparaît par là comme celui de l'humanité tout entière et non comme celui du Crucifié.

C'est ce qu'avait déjà compris Ésaïe, quand il disait : *Nous avions cru qu'étant ainsi frappé, il était battu de Dieu et châtié ; mais certainement, c'est pour nos forfaits qu'il a été navré, pour nos crimes qu'il a été broyé.*

C'est ce que déclare aussi saint Paul dans ces mots remarquables : *Lui qui n'avait point commis le péché, Dieu l'a fait péché* (victime pour le péché) *pour nous, afin que nous devenions justice de Dieu en lui* (2 Corinthiens 5.21).

Deux, si l'homme devait concourir par son humble acquiescement à cette solennelle manifestation de la justice de Dieu, il fallait nécessairement pour remplir cette tâche une victime parfaitement pure.

Nous l'avons dit : la conscience du pécheur est jusqu'à un certain point altérée, faussée par le péché même. Elle ne peut plus s'élever au niveau de la sainteté divine d'où émane la sentence de mort qui frappe le péché. Pour ratifier sincèrement la peine dont le pécheur est l'objet, il faut haïr le péché comme le Juge lui-même le hait. Pour condamner le péché comme Dieu le condamne, il faut être *saint comme Dieu est saint.*

C'est là ce qu'a été Jésus-Christ, et Jésus-Christ seul. Sa conscience était le pur reflet de la sainteté divine ; voilà pourquoi il a pu accepter et subir la peine des pécheurs en se livrant sans révolte et sans murmure à cette dispensation terrible de la volonté divine.

Sur cet étroit théâtre de la conscience intime

du Christ se sont rencontrés face à face deux adversaires qui ne se contemplent ordinairement que de bien loin dans la nôtre : la sainteté de Dieu, dans sa plus délicate susceptibilité, et le péché de l'homme sous toutes ses formes, les plus subtiles comme les plus grossières.

Là, dans ce contact direct entre le Dieu saint et Jésus, représentant l'homme coupable, le péché humain a été pleuré, jugé, condamné, comme il devait l'être, et comme nous ne pouvons plus le faire. Là ont été versées des larmes saintes, comme nous ne savons plus en verser. Là a été offerte à Dieu une réparation morale sans déficit, comme il nous eût été impossible de l'offrir. La mort la plus cruelle a été humblement reconnue et acceptée comme le salaire mérité du péché.

Voilà sans doute, du côté de la victime, le sens intime du drame de la croix. C'est là ce qui fait de ces heures de supplice un moment unique dans l'histoire de l'humanité, le signal du retour de la créature à Dieu.

La démonstration de justice que Dieu voulait donner au monde a donc atteint en Christ mourant le caractère de la perfection absolue. Non seulement le châtiment du péché a été subi, mais il l'a été avec l'adhésion complète de celui qui le subissait. Et la justice divine a pu accepter avec pleine satisfaction cet hommage réparateur qui lui était offert par un seul au nom de tous.

Ce sacrifice de réconciliation était prévu et préparé de toute éternité (voir Éphésiens 1.4 à 7, 1 Pierre 1.20).

C'est à lui qu'ont abouti, selon saint Paul, tous les péchés commis jusqu'alors et dont Dieu n'avait point réclamé le châtiment d'une manière proportionnée à leur gravité. Pendant des siècles Dieu avait laissé vivre dans le péché, jusqu'à la blanche vieillesse, des générations innombrables de transgresseurs dont le sang n'avait pas coulé pour la réparation de leurs fautes.

Chez les Juifs seulement les sacrifices expiatoires avaient rappelé à la conscience le traitement mérité par le pécheur. Ces milliers de péchés, sur lesquels Dieu semblait fermer les yeux, ont abouti enfin à ce grand acte judiciaire ; et la mort sanglante du Fils, qui avait été résolue de toute éternité, a expliqué au monde pourquoi Dieu n'avait pas foudroyé tous ces pécheurs qui l'avaient bravé à qui mieux mieux, durant le temps de son support.

Quant aux péchés commis dès lors, saint Paul n'en parle pas dans le passage que nous cherchons à expliquer, parce que, la démonstration de justice ayant une fois eu lieu par cette mort sanglante du Fils, l'état des choses est désormais changé ; cette perfection divine n'est plus voilée à cette heure, quel que puisse être le support dont Dieu use encore envers les pécheurs.

Et maintenant comment cette grande manifestation de la justice divine dans la croix de Christ opère-t-elle la réconciliation de Dieu et du monde pécheur ?

On se tromperait du tout au tout si l'on croyait que le sacrifice de Jésus-Christ change, comme une œuvre méritoire, le rapport entre Dieu et l'homme, sans que ce dernier ait à concourir en aucune façon au salut qui en doit résulter.

Il est très remarquable que, dans le passage de saint Paul qui sert de texte à tout ce développement, l'apôtre, après avoir appelé Jésus une victime propitiatoire, ajoute immédiatement, comme commentaire, ces mots : *par la foi en son sang*.

Saint Paul, en donnant ici la formule du décret éternel du salut, y fait entrer l'acte humain de la foi comme élément intégrant. Elle est prévue comme condition de l'efficacité du sacrifice, comme nécessaire au même titre que le sacrifice lui-même, à tel point que sans elle, d'après les expressions de l'apôtre, la victime cesse d'être *propitiatoire*, et que l'amnistie est ainsi annulée.

Entre le Dieu vivant et l'homme libre, en effet, il n'y a pas de place pour un pur *opus operatum*, pour une œuvre accomplie d'une manière simplement extérieure et matérielle, sans que l'individu qu'elle concerne y mette sa part personnelle.

Comme Christ n'a pas accompli la tâche morale de l'humanité pour nous dispenser de l'accomplir et nous laisse là dans l'état d'hommes non sanctifiés, mais qu'en se sanctifiant lui-même, il a voulu au contraire nous entraîner après lui et nous engager à fournir à sa suite cette carrière de la sanctification au terme de laquelle il est arrivé le premier, ainsi il n'a pas non plus accompli l'acte expiatoire, par lequel il a manifesté le traitement dû au monde pécheur, dans le but de nous dispenser d'offrir à Dieu la réparation qui lui est due ; mais au contraire dans celui de nous associer chacun individuellement à la réparation qu'il a offerte au nom de tous, et de nous envelopper tous dans cette solennelle protestation contre le péché et en faveur du droit de Dieu sur le pécheur.

Et c'est précisément la *foi* qui est le moyen de notre participation à la réparation opérée par Christ. C'est par elle que nous appliquons à notre propre personne ce qu'il a fait pour le monde, à notre propre péché ce qu'il a souffert pour le péché du monde.

L'Israélite coupable, avant de frapper du coup de mort la victime devant l'autel, posait ses mains sur sa tête en confessant le péché pour lequel il la sacrifiait ; de même, par la foi en Jésus-Christ crucifié, le pécheur enferme son péché personnel dans celui de l'humanité dont Christ s'est volontairement chargé, et reconnaît dans le supplice de la croix celui qu'il a lui-même mérité et que Dieu renonce à lui infliger.

Par chaque mouvement de foi il se renferme lui-même dans la personne de Jésus crucifié ; il se dit : Me voilà, moi pécheur ! Il s'écrie comme ce Betchuana, qui avait mieux compris la croix que beaucoup de théologiens : *Jésus, descends de là ; c'est ma place !*

Il renouvelle ainsi moralement devant Dieu la réparation offerte par Christ et par là il la rend valable pour lui-même. En effet, ce que Dieu réclame du pécheur pour qu'il lui pardonne, ce n'est pas de lui payer sa dette, c'est de la reconnaître. Car de cette reconnaissance dépend le relèvement du pécheur. Vis-à-vis d'un être qui acquiesce au droit de punition que Dieu a sur lui, la justice désarme, et la charité peut déployer ses richesses de pardon.

Ce résultat est obtenu par la manifestation de justice qui a eu lieu sur la croix ; là la conscience humaine a acquiescé au droit de Dieu en la conscience de Christ lui-même ; là elle y acquiesce de nouveau dans chaque croyant qui, au pied de la croix, s'approprie cette grande et solennelle manifestation.

On comprend ainsi pourquoi la réparation offerte par Christ et la foi par laquelle nous nous l'approprions, se trouvent être les deux conditions étroitement unies de notre réconciliation. Il n'y a là rien d'arbitraire. Notre foi en la réparation devient elle-même notre réparation personnelle.

Cette qualité ne vient à notre foi ni de son *intensité*, ni de sa *nature* essentiellement *morale*, caractères toujours imparfaits, mais de son objet, l'expiation parfaite renfermée dans la souffrance du Christ.

Ce qui satisfait la justice, n'est pas un certain *quantum* de souffrances équivalent à un certain *quantum* de péché ; c'est, du côté de Dieu, la révélation complète de la sainteté de son être, qui ne tolère point le péché ; du côté de l'homme, l'adhésion sans réserve donnée à cette manifestation. Or, c'est là précisément ce qu'accomplit la foi au sacrifice de Jésus et ce que Dieu trouve et accepte dans la foi.

C'est dans ce sens que saint Paul termine le passage cité par ces mots remarquables : *Afin que Dieu soit juste et justifiant celui qui est de la foi en Jésus.*

Dieu ne serait pas réellement juste, et le monde ne serait pas tenu de le croire tel, si, une fois au moins dans l'histoire de l'humanité, il n'avait révélé cette perfection dans sa plénitude, comme il le fait dans le sacrifice de la croix.

On peut même se demander si sans cette croix

le jugement futur et définitif serait encore moralement possible ; s'il ne serait pas pour le pécheur impénitent une espèce de surprise, dont il aurait quelque droit de se plaindre.

Ne pourrait-il pas, en effet, dire à Dieu, si celui-ci avait pardonné sans exiger une réparation solennelle : *Tu m'as révélé ta miséricorde par un si grand acte de grâce, qu'il n'est plus resté de place dans mon esprit pour croire à la possibilité d'un châtiment final. Tu as ainsi contribué toi-même à fausser mon jugement et à endormir ma vigilance...*

Mais, grâce à la manifestation éclatante du droit de Dieu contre le péché donnée sur la croix, ce langage du pécheur est rendu impossible. Dieu n'a pas pardonné sans montrer l'horreur qu'il a du péché et le châtiment dont il est décidé à le punir, si le pécheur y persiste ; et cette révélation effrayante, tout en rendant possible le pardon de ceux qui y adhèrent, réserve expressément l'acte futur du jugement à l'égard de quiconque n'accepte pas le pardon ou en abuse en ne le recevant pas dans le sens profondément saint où il est accordé.

Dieu s'est donc montré juste *pour l'être* en effet, c'est-à-dire pour ne pas cesser de l'être, comme ce serait le cas s'il eût agi autrement. Il s'est montré juste pour qu'il puisse agir comme tel *au jour où il jugera le monde avec justice par l'homme qu'il a choisi pour cela* (Actes 17.31).

À ces mots : *Afin qu'il soit juste*, Paul ajoute ceux-ci : *Et justifiant ceux qui sont de la foi en Jésus*. Comme, d'un côté, il *ne* serait *pas* juste s'il eût pardonné sans punir, de l'autre, il *ne* serait *que* juste qu'il eût puni sans pardonner.

Dans les deux cas, la révélation de son caractère moral, qui est l'un des buts de l'histoire du monde, serait restée imparfaite. Mais, son droit une fois reconnu par Jésus et par celui qui croit en lui, Dieu peut s'en désister et légitimement déclarer *juste* le *pécheur* lui-même.

Car cette justification n'est pas encore celle qui ouvre à l'homme l'entrée de la gloire ; c'est celle qui l'introduit préalablement dans l'état de grâce et qui lui permet de respirer déjà l'air vivifiant de la réconciliation.

La justification définitive, à l'heure du jugement, suppose l'emploi fidèle de cette grâce immense accordée au croyant. Si Dieu déclare juste déjà maintenant le pécheur qui reconnaît son droit, c'est parce que cette reconnaissance renferme en elle le principe du relèvement moral de l'homme à toute la hauteur de la sainteté divine.

Impossible de saisir l'objet de la foi, l'expiation accomplie par Christ, sans rompre radicalement avec le péché, cause d'une telle mort, et sans que le fondement de la sanctification soit ainsi posé dans le cœur. Cette conséquence de la foi résulte de la nature parfaitement sainte de son objet.

Nous ne saurions donc être complètement d'accord ni avec une manière de voir assez répandue aujourd'hui, d'après laquelle l'expiation ne consisterait que dans l'obéissance parfaite rendue à Dieu par Christ, dans la consécration active qu'il lui a faite de sa personne en unissant étroitement sa volonté à la sienne ; ni avec une ancienne manière de voir d'après laquelle Jésus aurait été sur la croix, comme représentant du monde pécheur, l'objet du déplaisir et de la réprobation de Dieu.

La première de ces deux conceptions est incapable de rendre un compte suffisant du rôle prépondérant que le sang de Christ joue, d'après tout le Nouveau Testament, dans l'œuvre rédemptrice.

Ce sang n'est pas seulement dans l'Écriture le symbole de l'obéissance poussée jusqu'aux dernières limites, c'est certainement celui de l'expiation par la douleur et par la mort.

Aussi saint Paul ne dit-il pas seulement que Christ a été pour Dieu une offrande d'agréable odeur ; mais, réunissant les deux côtés de l'œuvre de Christ en notre faveur, que nous venons d'exposer séparément, il dit : *une offrande et une victime d'agréable odeur* (Éphésiens 5.2).

Il y a certainement en Christ crucifié le jugement du péché et non pas seulement le renoncement au péché. C'est ce que sent vivement la conscience chrétienne qui accepte sans réserve l'enseignement du Nouveau Testament.

Le premier moyen de réconciliation, que nous avons exposé, la consécration à Dieu que Christ a faite de sa vie humaine, ne doit pas nous faire oublier ou nier le second, la mort subie pour manifester le salaire dû au péché.

D'autre part, l'ancienne conception, que nous venons de rappeler, froisse aussi, à certains égards, le sentiment chrétien formé l'école des Écritures. Saint Paul applique Jésus l'expression : victime *d'agréable odeur*, dans le moment même où il accomplit pour nous son sacrifice expiatoire et où, comme dit cet apôtre, il est fait *péché*, *malédiction* pour nous (2 Corinthiens 5.21 et Galates 3.13).

Jamais acte accompli sur la terre ne fut plus agréable à Dieu que ce sacrifice inspiré par l'amour le plus pur pour les hommes et le respect le plus profond pour la sainteté divine ; jamais la personne de Jésus ne fut l'objet du bon plaisir de son Père comme en ce moment où il s'identifiait volontairement avec le *péché* de l'humanité pour épuiser en sa personne la *malédiction* qui y était attachée et où il subissait l'abandon de Dieu même.

C'est que Jésus, comme nous l'avons vu, satisfaisait le courroux divin non en l'assouvissant, mais en en reconnaissant la sainteté, la justice, et en maintenant ainsi, dans l'acte même qui servait de base au pardon, le principe du jugement ; ce supplice était un équivalent en qualité, non en quantité.

À ce point de vue la substitution, contre laquelle on a élevé tant d'objections, ne présente plus rien qui puisse offusquer le sens moral. Assurément un seul pouvait sans injustice souffrir pour tous, si sa souffrance était non une *compensation* de la leur, mais une révélation présentée à tous de ce que tous auraient mérité de souffrir et de ce que souffriront réellement ceux que ne ramènera pas à Dieu, repentants et croyants, le spectacle de cette expiation.

Jésus a donc fait ces deux choses : il *s'est sanctifié pour nous*, réalisant en sa personne l'idée de la nature humaine ; il *a été crucifié pour nous*, réparant l'outrage fait à Dieu par l'humanité coupable.

Ce sont là les deux faces inséparables de l'œuvre qu'il a accomplie *pour nous* ; les deux moyens par lesquels il a rendu possible la réconciliation entre Dieu et nous.

Le croyant qui accepte cette double œuvre est envisagée par Dieu comme l'ayant accomplie, parce que dans cette acceptation se trouvent le moyen et le gage de son accomplissement par le croyant lui-même.

L'admirable grandeur de l'œuvre réconciliatrice de Jésus apparaît d'autant mieux quand on pense qu'il a accompli les deux tâches qu'elle renfermait, simultanément et, si l'on ose dire, du même coup.

Que l'on se représente un convoi qui a déraillé et roulé dans le précipice. Un sauveur survient ; il parvient tout à la fois à le retirer de l'abîme en le replaçant sur les rails, et à le conduire au terme du voyage. Ainsi Jésus, dans son passage sur la terre, a tout à la fois consommé le développement moral à peine commencé de l'humanité innocente et retiré de la condamnation l'humanité déchue.

À ces deux tâches appartiennent tous les faits saillants de son histoire : à la première, sa naissance miraculeuse, par laquelle il recommence, depuis le premier pas, la course proposée à l'homme ; son baptême, par lequel il opère le passage de la vie naturelle et psychique à la vie spirituelle ; sa transfiguration, sceau de sa perfection personnelle ; et son ascension, réalisation absolue de la glorieuse destination de l'humanité. À la seconde tâche appartiennent sa mort et sa résurrection, c'est-à-dire la réparation humaine et l'absolution divine.

Le rationalisme a une prédilection particulière pour le premier côté de cette œuvre sublime, celui qui se rapporte à la consommation de la nature morale de l'homme ; l'orthodoxie n'a guère compris que le second, celui qui se rapporte à l'expiation.

Nous croyons que l'intuition complète des rapports du christianisme et de la nature humaine ne peut résulter que de la réunion de ces deux faces de l'œuvre rédemptrice.

Jésus, le *consommateur* de la création et le *réparateur* de la chute, Jésus, le nouvel Adam, en qui l'homme accomplit sa tâche primitive et sort du tombeau absous de la faute de l'humanité ancienne, voilà le Jésus complet, quand on le considère au point de vue de son œuvre en notre faveur.

Tout homme qui, par la foi, le reçoit à ce double titre, devient immédiatement, aux yeux de Dieu, tout ce qu'il est lui-même. Car ce que Jésus a été pour l'homme, le croyant le deviendra infailliblement en Jésus : *Afin que l'amour dont tu m'as aimé soit en eux*, dit Jésus, *et que je sois moi-même en eux* (Jean 17.26).

En d'autres termes : *Tu pourras les aimer comme moi-même, parce que ce sera moi que tu aimeras en eux.*

Tel est le mystère renfermé dans cette expression favorite de Paul : *Christ, notre justice.*

CHAPITRE 2

L'ŒUVRE DE CHRIST EN NOUS

Nous avons distingué, avec le Nouveau Testament, une justification actuelle, fondée uniquement sur la foi, et une autre future et définitive, reposant sur la sainteté pleinement réalisée dans l'âme fidèle[1].

La sanctification, ou l'œuvre de Christ *en nous*, se place entre ces deux actes divins, comme conséquence du premier et comme condition du second.

Bien des chrétiens sont embarrassés par une contradiction apparente qui les frappe dans les Écritures : d'une part, le salut est donné à la foi, à la seule foi. Saint Paul ne cesse de le redire ; et cette pensée se fait jour également chez tous les autres écrivains apostoliques.

D'autre part, ils nous parlent, tous aussi, d'un jugement qui aura lieu *d'après les œuvres* de chacun : Matthieu 16.27, Jean 5.29, Romains 2.6, 2 Corinthiens 5.10, Apocalypse 20.12 et 13.

Saint Paul n'est pas moins explicite sur ce point que tous ses collègues. Comment concilier ces deux enseignements ?

La solution cherchée ressort précisément de la distinction que nous venons d'établir. La voici, à ce qu'il nous paraît.

Chaque grâce reçue doit avoir pour effet un progrès moral, mais cet effet ne peut se produire qu'avec le concours de l'homme. Chaque grâce divine aboutit donc à une épreuve de la fidélité humaine.

Or, ce qui est vrai dans le détail de la vie chrétienne, l'est aussi dans l'ensemble. La grâce fondamentale, celle du pardon des péchés, ne suppose d'autre condition morale que la foi. Mais cette faveur immense n'est pas plus tôt accordée par Dieu et acceptée par l'homme, qu'une tâche nouvelle en résulte, avec la responsabilité qui s'y rattache.

C'est le travail de la sanctification ; c'est le renouvellement de la vie à l'image de celle de Christ. Et voilà *l'œuvre*, d'après laquelle un jour le croyant sera jugé. C'est le fruit de la grâce qui lui sera redemandé.

Comment ne pas se rappeler ici le sort du serviteur qui avait enfoui le talent confié par son maître et celui du débiteur égoïste qui, gracié par son maître, refuse de faire grâce à son compagnon de service ? (Matthieu 25.24 à 30 ; 18.23 à 39)

La sentence d'absolution déjà prononcée envers ce dernier se trouve annulée ; ce débiteur, gratuitement affranchi de sa dette, mais chez qui cette faveur ne porte aucun fruit de support et de charité, est replacé sans pitié sous la juridiction de la loi qui le condamne.

Saint Paul menace d'un sort tout pareil les croyants vicieux de Corinthe, de Galatie, etc.. (1 Corinthiens 6.9 et 10 ; Galates 5.19 à 21 ; 6.7 et 8).

C'est que la justification par la foi est uniquement la porte d'entrée par laquelle nous sommes introduits dans l'état de salut, tandis que la justification finale, qui repose sur la constatation de la sainteté réalisée, est la porte de sortie par laquelle nous parvenons du salut à la gloire.

Ainsi s'accordent les deux principes bibliques de la justification par la foi et du jugement d'après les œuvres. Quoiqu'en apparence opposés, ils sont tous deux également vrais, parce qu'ils s'appliquent à deux moments différents de la vie chrétienne.

L'on parait bien peu comprendre, même parmi les chrétiens, cette grande et sérieuse vérité: que l'établissement de la sainteté dans l'âme fidèle est le but de l'œuvre divine et que le pardon des péchés n'est que le moyen.

Que de gens qui s'expriment comme si, le pardon et la paix qu'il procure, une fois obtenus, tout était fini, et que le salut fût accompli ! On n'a pas l'air de se douter que le salut, c'est la santé de l'âme, et que la santé de l'âme, c'est le rétablissement de la sainteté.

Le pardon n'est pas encore la santé, c'est seulement la crise par laquelle on entre en convalescence. Si Dieu trouve bon de déclarer juste le croyant, c'est afin de pouvoir par cette nouvelle relation avec lui le ramener à la sainteté.

La justice qu'il lui *impute* doit *devenir* graduellement sa propriété réelle et personnelle ; autrement elle lui serait un jour retirée.

Il y a donc entre la justification et la sainteté un indissoluble lien ; et c'est de ce lien que nous allons cherche à nous rendre compte. Ce sera le meilleur moyen de comprendre en même temps la vraie *nature* de la sanctification chrétienne.

Deux puissances de sanctification résident dans la foi justifiante ; l'une procède de l'objet de cette foi ; l'autre consiste dans la relation toute nouvelle que l'état de justification établie entre l'âme et Dieu.

L'objet de la foi, le Christ et son œuvre, devient dans l'âme réconciliée une *loi* intérieure, qui oblige le chrétien au travail de la sanctification. De la relation nouvelle qu'établit la foi, résulte la communication d'une *force* divine, le Saint-Esprit, qui rend le travail de la sanctification possible et efficace.

Saint Paul, dans le sixième et dans le huitième chapitre de l'épître aux Romains, a développé successivement la sanctification chrétienne sous ces deux aspects.

1) L'*objet* de la foi justifiante n'est pas une idée ; c'est un fait ; c'est l'œuvre réconciliatrice que Jésus-Christ a accomplie dans sa vie et dans sa mort. Or, ce fait est de nature essentiellement morale. Ce qui fait la vertu réconciliatrice de la vie de Jésus, c'est son caractère de sainteté parfaite.

Ce qui donne à sa mort la vertu expiatoire et réparatrice, ce n'est pas une certaine somme de souffrances subies n'importe comment ; c'est la soumission absolue avec laquelle ces souffrances ont été acceptées comme conséquence légitime du péché.

Si donc l'objet de la foi est de nature essentiellement morale, comment la foi se bornerait-elle à un acquiescement purement rationnel ? Comment cet acte ne participerait-il pas de la nature sainte de son objet ?

L'assentiment que nous donnons à une œuvre d'art est de nature esthétique, absolument comme l'opération créatrice qui a enfanté dans l'esprit de l'auteur le chef-d'œuvre admiré.

De même, l'adhésion à l'œuvre sainte accomplie par Jésus-Christ, non seulement procède du sens moral déjà éveillé, mais ne manquera pas de prendre encore, comme cette œuvre elle-même, produit le plus parfait de la conscience humaine, le caractère permanent d'un acte de conscience.

Est-il possible d'acquiescer à la vie sainte de Jésus-Christ, à sa victoire incessante sur les instincts naturels les plus légitimes, à sa consécration parfaite à la volonté du Père, à sa communion non interrompue avec lui, en y reconnaissant la vie normale de l'humanité, qui eût dû être la nôtre, sans s'approprier le principe moral de cette vie et en faire désormais le principe de la sienne ? Adhérer à une telle consécration, c'est se consacrer.

Serait-il possible surtout d'accepter la réparation morale offerte par le Christ comme un acte que nous eussions dû accomplir nous-mêmes, de ratifier dans notre conscience la sentence que la conscience du réparateur a prononcée sur le péché du monde en en subissant volontairement la peine, sans que cette sentence devint *ipso facto*, dans notre cœur et notre volonté, l'arrêt de mort de notre péché propre ?

C'est cette opération intérieure de la foi, par laquelle nous nous assimilons le sentiment du Christ mourant pour le péché, que saint Paul caractérise, dans son langage énergique, à la fois littéral et figuré, par ces expressions mystérieuses : *être crucifié avec Christ, être baptisé (plongé) en la mort de Christ* (Galates 2.19, Romains 6.3).

Adhérer à la mort de Christ pour le péché, c'est mourir au péché, c'est-à-dire rompre radicalement avec lui. C'est là le contrecoup profond que le croyant reçoit du coup dont Christ a été frappé pour lui.

Ce contrecoup, il l'avait ressenti, cet Africain betchuana qui s'écriait : *La croix de Christ me condamne à être saint.*

Le terme de *condamner* exprime d'une manière simple et naïve l'effet que produit, au premier moment, la vue de la croix sur notre vieille nature, quand elle se voit traînée par la foi en face de cet instrument de douleur et de mort et moralement enveloppée dans la solidarité de ce supplice.

Il est donc dans l'essence de la foi justifiante de créer, par la nature même de son objet, dans l'âme du croyant, une antipathie insurmontable pour le péché, si douloureusement expié par Christ, et une inépuisable sympathie pour le bien, si admirablement réalisé en sa personne.

On peut comparer le passage de Christ sur la terre à ce que serait dans notre vie un instant de lucidité et de sainteté miraculeuses durant lequel il nous serait donné de discerner parfaitement l'horreur du péché et de le juger d'un jugement semblable à celui de Dieu même.

Ce rayon céleste renouvellerait radicalement le cœur et par là toute la vie de celui qu'il aurait une fois éclairé.

Tel a été l'effet produit sur l'humanité par l'apparition et par l'œuvre de Jésus-Christ ; et pour le ressentir individuellement, il suffit de laisser ce suprême objet de la foi déployer dans notre être intime la puissance qui lui est inhérente.

C'est là, si je puis ainsi dire, le côté humain de la sanctification.

2) Toutefois, pour devenir victorieusement efficace, le lien qui s'établit entre l'objet de la foi et l'âme du croyant doit être scellé par une action immédiate de Dieu. C'est ici le côté divin dans cette œuvre intime.

Aussi longtemps que subsiste l'état d'hostilité entre l'homme et Dieu, Dieu ne saurait faire jouir le cœur de l'homme de la communication de son Esprit.

Ce don est de la part de Dieu celui de sa propre vie personnelle ; il suppose nécessairement la réconciliation opérée, la paix rétablie entre lui et l'homme.

Mais, une fois l'ordre normal restauré, le don du Saint-Esprit devient aussi naturel qu'auparavant il était impossible. La condamnation qui pesait sur l'homme était l'obstacle qui empêchait l'Esprit de se donner.

Cet obstacle enlevé par l'acte de la justification, l'homme se trouve replacé devant Dieu dans sa vraie position morale, et aussitôt la bénédiction divine reprend son cours forcément interrompu.

L'effusion de la grâce recommence, et, semblable à un torrent dont on a rompu la digue, l'Esprit saint se répand dans le cœur justifié.

Jésus avait signalé ce rapport entre sa mort expiatoire et la venue collective ou individuelle de l'Esprit, en disant : *Si je ne m'en vais, le Consolateur ne viendra point à vous ; mais si je m'en vais, je vous l'enverrai* (Jean 16.6).

Cette parole remarquable prouve en même temps que, pour comprendre cette nouvelle face de l'œuvre de Christ, il faut faire intervenir la troisième période de son existence, celle de sa gloire et de son activité céleste.

Non seulement Jésus participe dès son ascension à la toute-présence, à la toute-puissance et à l'omniscience de Dieu, de telle sorte qu'il peut à chaque instant aider et délivrer les siens dans les difficultés de leur existence terrestre ; mais surtout, après s'être, durant son séjour ici-bas, complètement approprié l'Esprit divin et en avoir fait sa vie personnelle, il en est devenu le souverain dispensateur auprès de ses frères. Et voilà le fondement divin de la sanctification chrétienne.

Si le chapitre sixième de l'épître aux Romains nous fait comprendre l'*obligation* impérieuse de sainteté qui résulte pour la conscience chrétienne du fait de la justification, dans le chapitre huitième l'apôtre nous dévoile la *force* divine qui rend le justifié capable de satisfaire à cette obligation :

> L'Esprit de vie qui est en Jésus-
> Christ m'a affranchi de la loi du
> péché et de la mort. Car ce qui
> était impossible à la loi, parce
> qu'elle était faible dans la chair,
> Dieu l'a fait ; ayant envoyé son
> Fils dans une chair semblable à
> notre chair de péché et pour le
> péché, il a condamné le péché
> en la chair, afin que la justice de
> la loi soit accomplie en nous,
> qui marchons, non selon la
> chair, mais selon l'Esprit.
>
> —ROMAINS 8.2-4

Ce passage, non moins capital que celui du chapitre troisième, où nous avons puisé nos lumières sur la rédemption, nous fait pénétrer dans le divin mystère de la sanctification chrétienne.

Dieu a commencé par envoyer son Fils dans une chair semblable à la nôtre, pour réaliser dans cette chair la sainteté parfaite, de manière à condamner le péché en le signalant comme ce qui ne doit pas être et en l'excluant de cette partie même de notre être où il a chez nous élu domicile et d'où il étend son règne sur toutes nos facultés.

Cette œuvre une fois accomplie en Jésus lui-même, de sa personne glorifiée émane, comme une puissance vivifiante, son Esprit, pu lequel Jésus remporte en nous la même victoire qu'il a remportée en sa propre personne.

Ainsi se réalise dans notre vie, comme dans la sienne, la justice réclamée par la loi, à la seule condition que nous adoptions pour principe de notre conduite, non nos penchants propres, la chair, mais cet Esprit qui procède de Christ et les aspirations nouvelles qu'il produit en nous.

Notre sainteté n'est donc pas une simple imitation de celle de Jésus, que nous réaliserions par nos propres résolutions ; c'est la sienne elle-même, sa sainteté à lui, celle qu'il a réalisée ici-bas à force de luttes et de sacrifices et que du sein de sa gloire il nous communique.

C'est la vie humaine telle qu'il l'a faite en sa

personne, exempte de péché et agréable à Dieu, qu'il reproduit en nous.

Prototype de cette vie nouvelle, il est en même temps la source d'où elle descend dans l'âme du croyant.

Il fait resplendir dans le cœur de celui qui le contemple avec foi sa propre image et il l'y fait rayonner avec une telle puissance qu'elle prend vie en lui, qu'elle y devient l'homme nouveau, et que le fidèle est ainsi *métamorphosé de gloire en gloire, comme par le Seigneur qui est Esprit* (2 Corinthiens 3.18).

Jésus avait indiqué lui-même cette relation, qui devait exister un jour entre sa sainteté et la nôtre, dans cette parole, souvent jugée obscure, mais qui, après tout ce qui précède, me paraît très claire :

> Je me sanctifie moi-même pour
> eux, afin qu'eux aussi soient
> sanctifiés en vérité.
>
> —JEAN 17.19

En d'autres termes : La sainteté que je réalise dans ma vie deviendra la leur par la communication que je leur en ferai ; et alors ils seront véritablement saints comme moi.

Jésus a exprimé la même pensée dans ces

mystérieuses images : *boire son sang, manger sa chair* (Jean 6), qui se rapportent évidemment d'après l'explication qu'il en donne lui-même (verset 63), à l'opération par laquelle son Esprit approprie au croyant sa chair, c'est-à-dire sa vie consacrée à Dieu, et son sang, c'est-à-dire sa mort *pour* le péché, avec la mort *au* péché qui y est impliquée.

Au point de vue ordinaire, qui fait consister toute l'œuvre de Christ dans l'expiation et tout le salut dans le pardon des péchés, on pourrait se demander pourquoi Jésus-Christ n'est pas descendu du ciel pour monter directement sur la croix, pourquoi il a *vécu* avant de mourir.

On peut répondre sans doute que la sainteté de la victime était une condition de l'expiation ; mais cette réponse serait évidemment incomplète.

La vraie solution ressort de la notion de la sainteté chrétienne que nous venons d'exposer. Jésus-Christ a dû réaliser une vie humaine complète, parce que sa sainteté devait un jour par sa mort et son ascension devenir la nôtre.

Aussi saint Paul appelle-t-il Jésus notre sainteté aussi bien que notre sagesse et notre justice (1 Corinthiens 1.30).

Peut-être quelqu'un demandera-t-il quel est le rapport entre les passages où notre sanctification est attribuée au Saint-Esprit et ceux où elle est attribuée à Christ lui-même vivant en nous (Galates 2.20).

La réponse est facile. En réalité, ces deux ordres d'expressions s'appliquent à un seul et même fait.

Quelle est l'œuvre du Saint-Esprit ? C'est de nous communiquer Christ avec tout ce qui est à lui et de le faire revivre en nous, comme le grain de froment, mort en terre, revit par la force de la nature dans chacun des grains que porte l'épi.

Et, d'autre part, par quel moyen Christ vit-il en nous ? Par l'opération du Saint-Esprit. Il s'accomplit chez le croyant, par la vertu de cet agent divin, une œuvre semblable à celle qui a produit la naissance miraculeuse de Jésus-Christ.

Mes petits enfants, disait saint Paul, *pour qui je souffre de nouveau les douleurs de l'enfantement, jusqu'à ce que Christ soit formé en vous* (Galates 4.19).

Notre sainteté, ce n'est pas proprement *nous* changeant et devenant meilleurs ; car après cinquante ans de travail fidèle il nous arrive de nous retrouver tout à coup, dès que notre propre nature reprend le dessus, aussi mauvais qu'un demi-siècle auparavant ; c'est bien plutôt lui naissant et grandissant en nous, de manière à remplir notre cœur et à bannir graduellement notre moi naturel, notre vieil homme, qui, lui, ne s'améliore pas, et n'a autre chose à faire qu'à périr.

Comment s'opère dans la pratique cette espèce

d'incarnation par laquelle Christ devient lui-même notre nouveau moi ?

Par un procédé libre et moral, que Jésus a décrit dans une parole qui nous étonne, parce qu'elle met sa sanctification presque sur le même pied que la nôtre :

> Comme le Père qui est vivant m'a
> envoyé, et que je vis par le Père,
> ainsi celui qui me mange, lui
> aussi, vivra par moi
>
> —JEAN 6.57

Jésus se nourrissait du Père qui l'avait envoyé, et vivait par lui. Cela signifie sans doute qu'à chaque fois qu'il devait agir ou parler, il commençait par s'effacer lui-même, puis il laissait le Père vouloir, penser, agir, être tout en lui.

Pareillement, lorsque nous sommes appelés à faire un acte ou à prononcer une parole, nous devons commencer par nous annuler nous-mêmes en face de Jésus, et après avoir supprimé en nous, par un acte énergique, tout désir propre, toute pensée propre, toute activité propre, laisser Jésus déployer en nous sa volonté, sa sagesse, sa force.

C'est ainsi que nous vivons par lui, comme il vivait par le Père, que nous le *mangeons* (c'est l'image dont il se sert), comme il se nourrissait du Père.

Le procédé de Jésus et le nôtre sont identiques. Seulement celui de Jésus se rapportait directement à Dieu, parce qu'il était en communion immédiate avec lui, tandis que le nôtre s'adresse à Jésus, parce que c'est avec lui que le croyant communique immédiatement et par lui seulement que nous trouvons et possédons *le Père qui est vivant*.

Là est le secret, généralement si peu compris, de la sanctification chrétienne.

Mais nul ne saurait pratiquer cet art suprême sans prendre dès l'abord la position glorieuse qui nous est faite en Jésus-Christ, telle que l'enseigne saint Paul.

Quand cet apôtre veut nous apprendre comment on parvient à mourir au péché et à vivre à Dieu, voici comment il s'exprime : *Faites votre compte que vous êtes morts au péché et vivants Dieu, en Jésus-Christ, notre Seigneur* (Romains 6.11).

Ce langage n'est guère conforme à celui de la raison. La sagesse humaine dit : *Dégage-toi peu à peu des liens du péché; apprends graduellement à aimer Dieu et à vivre pour lui.*

Mais de cette manière nous ne rompons jamais radicalement avec le péché et nous ne nous donnons jamais complètement à Dieu.

Nous demeurons dans l'atmosphère terne et

trouble de notre propre nature et nous ne parvenons point à la pleine clarté de la sainteté divine.

La foi au contraire nous élève, en quelque sorte d'un bond, à la position royale qu'occupe maintenant Jésus-Christ et qui en lui est déjà la nôtre.

De là, nous voyons le péché sous nos pieds ; là, nous savourons la vie de Dieu comme notre véritable essence en Jésus-Christ.

La raison dit : *Deviens* saint pour l'*être*. La foi dit : Tu l'es ; deviens-le donc. Tu l'es en Christ ; deviens-le en ta personne.

Ou, comme dit saint Paul aux Colossiens (3.3) : *Vous êtes morts ; mortifiez donc vos membres terrestres*.

C'est là ce qu'il y a de plus paradoxal dans le pur enseignement évangélique. Celui qui méconnaît ce fait intime ou le repousse, ne franchira jamais le seuil de la sanctification chrétienne.

On ne rompt pas petit à petit avec le péché ; on consomme d'un coup la rupture complète en s'appropriant l'expiation que Christ a consommée sur la croix.

On ne gravit pas un à un les degrés du trône ; on s'y élance et s'y assied en Christ par l'acte de foi qui nous incorpore à lui. Puis, du haut de cette position, sainte par essence, on domine victorieusement le moi, le monde, Satan, toutes les puissances du mal.

C'est dans ce milieu de sainteté absolue où l'on

se trouve transporté, que l'on revêt l'image à la fois divine et humaine du Fils de Dieu[2].

La relation entre la justification et la sanctification est peut-être l'un des points au sujet desquels la différence d'intuition entre les deux grandes formes du christianisme occidental se fait plus vivement sentir.

Le protestantisme, il faut l'avouer, s'est toujours montré faible et embarrassé quand il s'est agi pour lui d'indiquer nettement le lien organique entre ces deux éléments du salut : le pardon et la sainteté.

Les théologiens de cette confession ont souvent cherché ce lien dans le sentiment de la reconnaissance[3].

Ou bien ils se sont contentés d'ajouter simplement l'exposé de la loi à celui de la grâce, sans expliquer la relation interne qui existe entre la foi à celle-ci et l'obéissance à celle-là[4].

Mais une pure juxtaposition ne suffit point. Et, quant au sentiment de la reconnaissance, il ne saurait fonder d'une manière solide le devoir de la sanctification chrétienne.

Comment l'élan de la reconnaissance pourrait-il motiver et justifier un acte réclamé par l'auteur du bienfait, si cet acte n'était en lui-même moralement bon ?

La reconnaissance est un *mobile* très propre à

nous faire pratiquer plus aisément le devoir ; mais elle ne saurait fournir le *principe* du devoir lui-même.

De son côté, le catholicisme appuie avec raison, dans la question de la sanctification, sur les communications réelles, vitales, substantielles mêmes, du Christ au fidèle.

Il comprend aussi bien, peut-être mieux que le protestantisme, le saint mysticisme de l'incarnation du Christ dans chacun de ses membres.

Mais pourquoi le rattache-t-il si élémentairement à des rites extérieurs, à des pratiques matérielles, qui, instituées d'abord comme symboles, ont été transformées ensuite en actes méritoires et en conditions nécessaires, et ont eu pour effet d'exclure le vrai, l'unique moyen, la foi justifiante et le libre accès au trône de grâce, qu'elle ouvre à chaque fidèle ?

Dans leur ignorance à peu près totale de la justification par la foi, telle qu'elle est exposée par Paul, et dans le désir pourtant de faire droit à son enseignement, les plus éclairés d'entre les catholiques, et bien des protestants pieux avec eux, font dépendre la justification de la foi, mais à la condition que celle-ci possède certaines qualités indispensables.

Ainsi, l'on s'imagine trouver dans la *ferveur* de la foi ou dans la charité qui en est le *fruit* nécessaire, le secret de sa force justifiante. Et la notion de *mérite*, qui semblait exclue par la substitution de la foi à l'œuvre, revient au galop par cette adjonction tacite de l'œuvre à la foi.

Mais qu'arrive-t-il ? Comme la ferveur la plus exemplaire n'est toujours que tiédeur, comparée à l'idéal, et que la richesse des fruits de la foi n'est toujours que disette, en proportion de l'abondance de ceux que la foi en l'œuvre divine aurait légitimement dû produire, il résulte de là que ces âmes sincères ne se sentent jamais certainement justifiées et pleinement affranchies de la condamnation.

Jamais par conséquent elles ne parviennent à prendre la position sublime qui nous appartient en Christ et que la foi nous assure, non par le degré de son intensité ou par l'abondance de ses effets pratiques, mais uniquement par la nature de son objet (Méditez l'admirable passage Éphésiens 2.1 à 10).

Ou, si elles se transportent un instant à cette hauteur, au moment de la célébration du sacrement, par exemple, ce moment béni n'est pas plutôt passé que, la faiblesse humaine se faisant de nouveau sentir, elles retombent dans l'anxiété et sont réduites à attendre une nouvelle absolution sacerdotale pour s'élever de nouveau au faîte de la justification, mais d'une manière tout aussi peu stable et permanente.

Triste système, qui fait sans doute l'affaire du prêtre, en rendant sa médiation constamment nécessaire, mais non celle du chrétien, retenu par là dans un état de perpétuelle minorité.

Le moment n'est-il point venu où ces deux fractions de l'Église occidentale, qui se sont comme partagé la vérité sur ce point capital, se réuniront enfin pour la rétablir dans sa plénitude ; où la justification, telle que l'a comprise le protestantisme, plus spécialement le protestantisme luthérien, ou, pour mieux dire, la justification dans le sens d'Ésaïe, de Jésus, de Paul, sera mise sans réserve ni tergiversation à la base de l'œuvre du salut, mais avec l'intention sérieuse et bien arrêtée de lui faire supporter l'édifice de la sanctification, l'œuvre de Christ en nous, ainsi que l'a comprise le catholicisme, c'est-à-dire comme la transfusion de la sainte vie de Christ dans l'âme fidèle par le Saint-Esprit ?

Christ substitué à nous devant Dieu, comme notre justice ; Christ substitué à nous en nous mêmes, comme notre sanctification : voilà la plénitude du salut chrétien. Apprenons les uns et les autres à envisager Christ de la sorte, et la vraie formule d'union sera trouvée. C'est celle que Paul a indiquée d'avance dans cette parole : *Nous avons tout pleinement en Lui* (Colossiens 2.10).

Nous avons étudié l'œuvre de Christ pour nous

et en nous, dans sa portion accomplie une fois pour toutes et dans celle qui est à cette heure en voie de s'accomplir.

Jetons encore, afin de l'embrasser dans sa totalité, un coup d'œil sur ses perspectives à venir et son couronnement éternel. À ce point de vue plus général, elle se présente aux yeux de la foi comme la double victoire remportée sur les deux grands ennemis de l'humanité, le péché et la mort.

On a vu des hommes dévoués se consacrer au relèvement de leur famille appauvrie ou déshonorée.

On en a vu d'autres faire de la délivrance et de la gloire de leur patrie l'objet de toute leur ambition.

Un homme s'est proposé un but plus élevé encore. Dans un temps où la notion du *genre humain* commençait seulement à poindre chez les esprits les plus avancés, cette masse que nous appelons l'*humanité*, divisée en peuples hostiles les uns aux autres, presque entièrement désagrégée par l'égoïsme des individus, lui est apparue dans son unité essentielle ; il a pressé cette humanité tout entière sur son sein comme son peuple à relever, comme sa famille à sauver.

Il a regardé en face les deux tyrans qui l'opprimaient et dont la domination semblait faire partie

intégrante de l'existence de cette race : le péché et
la mort.

Et il a osé dire : Cet être pécheur et mourant, ce
n'est pas là l'homme que Dieu a voulu et qu'il veut.
Dieu règne ! Que le péché périsse, que la mort le
suive ! Que la sainteté et l'incorruptibilité, ces
deux traits de l'œuvre divine, brillent enfin sur
cette terre que Dieu a créée pour la manifestation
de sa gloire !

Et cette grande pensée, née dans son cœur, il
l'a adoptée, cultivée.

Cette tâche, il en a fait celle de sa vie ; il n'a
point reculé devant l'impossibilité apparente de
son accomplissement. Pour exécuter l'œuvre que
seul il avait osé concevoir, il n'a pas débuté par
quelque grand plan de réforme sociale.

Il a commencé par travailler sur lui-même ; il a
réalisé le bien dans l'humble sphère de son existence personnelle, dans celle qu'embrassait immédiatement sa conscience morale.

Là, il a lutté avec le premier ennemi, le péché,
et il l'a vaincu. Il lui a refusé le moindre pied-à-
terre dans son cœur et dans sa vie et il a fait de la
sainte volonté de Dieu le maître absolu de son
existence.

Cette première victoire remportée, il s'est
trouvé en face du second ennemi, la mort. Cet ad-
versaire semblait plus invincible encore ; car la

mort n'est pas, comme le péché, une libre détermination de la volonté humaine ; c'est une loi qui paraît peser fatalement sur l'humanité et qui enveloppe la nature elle même.

Cependant, à cette vue terrifiante, le courage du héros divin n'a pas failli. Il a regardé en face le sombre tyran, et, à la lumière de Dieu, il a compris que ce n'était là qu'un fantôme, que le mot de *grâce* descendant du ciel ferait évanouir.

Il a reconnu dans la mort infligée à l'homme le résultat d'une condamnation ; et il en a conclu hardiment que, cette condamnation une fois rapportée, le trône de la mort s'affaisserait.

Cette condamnation reposait sur deux faits : le *péché* qui la provoque et la *loi* qui la prononce.

Le péché, il l'avait vaincu en lui-même, et il se réservait de le vaincre dans l'humanité. Déjà il avait allumé ici-bas en sa personne un foyer de sainteté absolue, et il voyait se grouper autour de ce feu céleste tous ceux qui cherchent la lumière et qui *font la vérité*[5].

Mais la loi ? C'est une manifestation divine. On ne la traite point comme on traite le péché ; on ne la détruit pas ; tout ce qu'on peut faire, c'est de la désarmer ; et l'on n'y parvient qu'en satisfaisant à toutes ses justes exigences.

Voici comment cet homme est parvenu à vaincre la loi.

Il lui avait offert dans sa vie l'obéissance parfaite qu'elle réclamait ; il lui a offert dans sa mort la réparation qu'exigeaient les transgressions de ses violateurs.

Par là il a mis de son côté la justice de Dieu, qui jusqu'ici était contre nous. Et comme Dieu avait prononcé sur les coupables une condamnation qui était leur mort, Jésus l'a mis en demeure par son sacrifice de prononcer sur les croyants une absolution qui sera leur vie.

Le péché une fois vaincu, la loi ainsi satisfaite, les deux bases du pouvoir de la mort se sont trouvées minées, et son trône s'est écroulé.

Dans la résurrection de Jésus-Christ a éclaté pour la première fois la victoire qui venait d'être remportée sur cet ennemi. Et cette première proie arrachée au tyran est le gage de la délivrance et de la résurrection futures de toute l'humanité justifiée.

L'Église glorifiée sera la magnifique moisson dont Jésus ressuscité a été les prémices. L'incorruptibilité complète, morale et physique, couronnera l'œuvre que l'héroïque amour de Jésus a osé concevoir et réussi à exécuter.

Qu'est l'œuvre des Thrasybule, des Tell, des Washington, à côté de celle d'un pareil libérateur ?

Puisque c'est par l'homme que la mort est ve-

nue, c'est aussi par l'homme que vient la résurrection des morts.

> Mort, où est ton aiguillon ? Sé-
> pulcre, où est ta victoire ?
> L'aiguillon de la mort, c'est le pé-
> ché; la puissance du péché, c'est
> la loi.
> Grâces à Dieu, qui nous donne la
> victoire par Jésus-Christ, notre
> Seigneur !

> —1 CORINTHIENS 15.21 ET
> 55-57

Comment s'étonner encore que celui qui a
conçu et accompli une pareille œuvre ne cesse de
réunir autour de lui tout ce qu'il y a ici-bas d'es-
claves du péché et de la mort sentant le poids de
leurs chaînes, tous ceux qui s'écrient avec saint
Paul : *Infortuné ! Qui me délivrera ?*

Est-il surprenant que cet être-là ait réussi à obtenir un résultat dont s'étonnait le génie que rien
ne semblait plus devoir étonner ? qu'il soit parvenu à *faire de chaque âme humaine une annexe de la
sienne* ?

Jésus s'est rendu nécessaire à l'âme humaine
en devenant son collaborateur indispensable dans

l'accomplissement de sa tâche suprême : la réalisation de sa destination morale.

En sa personne, il a sanctifié la vie humaine et l'a élevée à l'état divin qui lui était destiné et qu'il possédait lui-même avant de devenir homme : voilà le mystère de sa *personne*.

Ce travail accompli en lui-même, il le répète dans tous les croyants par son Esprit, après l'avoir rendu possible chez eux par l'expiation et le pardon obtenu pour nous : voilà le sens de son *œuvre*.

---

1. Combien plus, étant maintenant justifiés par son sang, serons-nous *sauvés* par lui de la colère ? Car si, étant ennemis, nous avons été *réconciliés* avec Dieu par la *mort* de son Fils, combien plus, étant réconciliés, serons-nous *sauvés* par sa *vie* ? (Romains 5.9 et 10)
2. Nous croyons avoir exprimé dans ces pages tout ce qu'il y a eu de vrai dans le mouvement dit d'Oxford, avant même qu'il eût éclaté ; tant il est certain qu'indépendamment de ses écarts de pratique et de théorie, il renfermait un élément vrai de la doctrine biblique et protestante de la justification.
3. Voir, par exemple, *le Catéchisme de Heidelberg*.
4. Comme le *Catéchisme d'Ostervald*.
5. Comparez Luc 12.49 : Je suis venu jeter un feu sur la terre, et qu'ai-je à désirer puisque déjà il brûle ? et Jean 3.21 : Celui qui fait la vérité, vient à la lumière.